UNA ENTREVISTA DE TRABAJO CON ÉXITO

Sylvain MILON

CONTENIDO

INTRODUCCIÓN

¡Bienvenido a Réussir son entretien d'embauche! Este libro ha sido especialmente diseñado para ayudarle a navegar con éxito por el proceso de selección de empleo y superar con éxito sus entrevistas de trabajo. Tanto si es usted un recién licenciado en busca de su primer empleo como un profesional con experiencia en busca de una nueva oportunidad, los consejos y estrategias que se presentan en este libro le ayudarán a destacar entre la multitud y a conseguir el trabajo de sus sueños.

En un mercado laboral competitivo, es esencial prepararse adecuadamente para una entrevista de trabajo. La preparación es la clave del éxito, y este libro le guiará a través de cada etapa del proceso. Empezaremos por la importancia de la preparación y le daremos consejos prácticos para elaborar un CV potente y redactar una carta de presentación convincente.

A continuación repasaremos las distintas fases de una entrevista de trabajo, explicando cómo entender el proceso de selección, cómo responder a las preguntas más frecuentes y cómo dominar las técnicas de entrevista conductuales. También aprenderás a gestionar el estrés y la ansiedad durante la entrevista, así como la importancia del lenguaje corporal y de una comunicación eficaz.

Te daremos consejos prácticos sobre negociación salarial y prestaciones, así como trucos para evitar errores comunes que podrían costarte una oportunidad laboral. Además, te enseñaremos a diferenciarte del resto de candidatos y a utilizar las redes sociales de forma estratégica en tu búsqueda de empleo.

Por último, hablaremos de las entrevistas telefónicas y en línea, cada vez más frecuentes. Descubrirás las mejores prácticas para tener éxito en este tipo de entrevistas y cómo hacer un seguimiento profesional después de la entrevista para maximizar tus posibilidades de conseguir el trabajo.

CAPÍTULO 1: LA IMPORTANCIA DE LA PREPARACIÓN

La preparación es una de las claves del éxito de una entrevista de trabajo. Muchos candidatos subestiman su importancia, pensando que pueden confiar en sus habilidades y experiencia para brillar en la entrevista. Sin embargo, una preparación adecuada es lo que separa a los candidatos medios de los excepcionales.

En primer lugar, la preparación le permitirá conocer mejor la empresa y el puesto al que opta. Investigue a fondo sobre la empresa, su sector de actividad, su cultura corporativa y sus valores. Infórmese sobre los proyectos recientes de la empresa, sus clientes y sus competidores. Este conocimiento en profundidad le ayudará a formular respuestas pertinentes durante la entrevista y a demostrar su interés por la empresa.

La preparación le permitirá familiarizarse con las competencias y cualificaciones requeridas para el puesto. Analice detenidamente el anuncio de empleo e identifique las competencias clave que busca el empleador. A continuación, examine su propia experiencia y aptitudes, y prepare ejemplos concretos de situaciones en las que haya demostrado dichas aptitudes. Esto le permitirá dar respuestas precisas a las preguntas sobre sus cualificaciones y convencer al empresario de que es usted el candidato ideal para el puesto.

La preparación también incluye preparar las respuestas a las preguntas que suelen hacerse en las entrevistas de trabajo. Hay ciertas preguntas que surgen con frecuencia, como "Hábleme de usted", "¿Cuáles son sus puntos fuertes y débiles?", "¿Por qué quiere trabajar para nuestra empresa?". Piense en estas preguntas de antemano y prepare respuestas claras y concisas. Si practica a formularlas, se sentirá más cómodo durante la entrevista y evitará respuestas confusas o incoherentes.

Otro aspecto importante de la preparación es practicar las entrevistas. Practica las respuestas con un amigo o familiar. Haz simulacros de entrevista para familiarizarte con el proceso y acostumbrarte a hablar de tus logros y aptitudes. Pídale a su compañero de entrevista que le haga comentarios constructivos sobre su lenguaje corporal, su tono de voz y su capacidad para transmitir sus ideas de forma clara y convincente.

Por último, no olvide preparar sus preguntas para el empresario. Al final de la entrevista, es habitual que el empresario le pregunte si tiene alguna duda. Es una oportunidad para que muestres tu interés y curiosidad por la empresa y el puesto. Prepare algunas preguntas relevantes sobre la empresa, el departamento en el que trabajará, las oportunidades de crecimiento, etc. En conclusión, la preparación es la clave del éxito en una entrevista de trabajo.

Le permitirá conocer mejor la empresa, familiarizarse con las competencias requeridas, preparar sus respuestas y practicar de antemano. Si invierte tiempo y energía en su preparación, aumentarán considerablemente sus posibilidades de conseguir el trabajo. Recuerde que una preparación minuciosa es el primer paso hacia el éxito profesional.

Tanto si es un principiante como un profesional experimentado, "Réussir son entretien d'embauche" le dará las herramientas que necesita para tener éxito en una entrevista de trabajo.

CAPÍTULO 2: COMPRENDER EL PROCESO DE SELECCIÓN

El proceso de selección para una entrevista de trabajo puede variar de una empresa a otra, pero en general hay algunos pasos comunes que siguen la mayoría de los empleadores. Comprender este proceso de selección te ayudará a prepararte mejor y a abordar cada etapa con confianza. En este capítulo veremos las distintas fases del proceso de selección y le daremos consejos para tener éxito en cada una de ellas.

1. Criba: en muchas empresas, la primera fase del proceso de selección consiste en cribar las candidaturas. Los empresarios examinan los CV y las cartas de presentación para identificar a los candidatos más adecuados. Para superar esta fase, asegúrese de que su CV es claro, conciso y pertinente para el puesto. Destaque su experiencia y aptitudes más relevantes para captar la atención de los seleccionadores.

2. La primera entrevista: Una vez preseleccionado, normalmente se le invitará a una entrevista inicial. Puede ser una entrevista

telefónica, presencial o en línea. El objetivo de esta fase es conocerle mejor como candidato. Prepárese respondiendo a las preguntas más frecuentes, demostrando su motivación y mostrando profesionalidad. Prepárese para explicar su trayectoria profesional y destacar sus logros pasados.

3. Evaluaciones: algunas empresas utilizan evaluaciones para valorar las aptitudes de los candidatos. Puede tratarse de tests de personalidad, pruebas de aptitudes técnicas, juegos de rol o estudios de casos. Infórmese de antemano sobre los tipos de evaluación que utiliza la empresa y prepárese en consecuencia. Practica las pruebas y familiarízate con las competencias y conocimientos que se evalúan.

4. Entrevistas posteriores: si supera la primera entrevista, es posible que le inviten a participar en otras entrevistas. En estas entrevistas pueden participar responsables de recursos humanos, jefes de equipo o ejecutivos de la empresa. Cada entrevista tendrá sus propios objetivos, por lo que es importante entender el papel de cada persona con la que se reúna y adaptar su discurso en consecuencia. Muestra tu interés por la empresa, haz preguntas pertinentes y demuestra cómo podrías contribuir a su éxito.

5. Comprobación de referencias: antes de tomar una decisión final, los empresarios pueden comprobar las referencias. Asegúrate de que tienes referencias profesionales listas para compartir. Póngase en contacto con sus antiguos jefes o colegas para obtener su conformidad e informarles de los puestos que ha solicitado. Asegúrate de proporcionar referencias que puedan dar fe de tu experiencia y aptitudes relevantes para el puesto.

6. La oferta de trabajo: Si ha superado con éxito todas las etapas anteriores, es posible que reciba una oferta de trabajo. Tómese su tiempo para evaluar la oferta detenidamente y negociar las

condiciones si es necesario. Asegúrate de que entiendes las responsabilidades del puesto, la remuneración, las prestaciones y las condiciones laborales antes de aceptar.

Comprender el proceso de selección es esencial para prepararse adecuadamente y maximizar sus posibilidades de éxito. Si se familiariza con cada etapa y se prepara en consecuencia, podrá demostrar su valía y convencer a los empresarios de que es el candidato ideal para el puesto. Recuerde que cada etapa es una oportunidad para brillar y demostrar lo que puede aportar a la empresa.

CAPÍTULO 3: CREAR UN CV POTENTE

El CV es uno de los elementos clave de su candidatura y desempeña un papel decisivo en el proceso de selección. Un CV bien construido y llamativo puede ayudarle a destacar entre la multitud de solicitantes. En este capítulo, exploraremos los elementos esenciales de un CV de éxito y le daremos consejos sobre cómo construir un CV que llame la atención de los reclutadores.

1. Formato claro y profesional: elige un formato claro y profesional para tu CV. Utiliza encabezamientos, secciones diferenciadas y un diseño equilibrado. Asegúrate de que la información esté bien organizada y sea fácil de leer. Utilice un tipo de letra profesional y asegúrese de que el tamaño de la letra es el adecuado.

2. Información personal: Comience su CV incluyendo su información personal. Esto incluye tu nombre completo, dirección, número de teléfono y dirección de correo electrónico. Asegúrese de que esta información esté actualizada y sea profesional.

3. Objetivo profesional: En función de tus datos personales, puedes incluir un objetivo profesional. Este objetivo debe ser

conciso y específico. Debe demostrar tu interés por el puesto y destacar tus principales competencias y objetivos profesionales.

4. Experiencia profesional: La sección de experiencia profesional es una de las partes más importantes de su CV. Empiece por su experiencia más reciente y vaya hacia atrás. Incluya el nombre de la empresa, sus fechas de empleo, su cargo y una descripción de sus principales responsabilidades y logros. Concéntrese en los resultados que ha obtenido y en las habilidades que ha desarrollado.

5. Formación académica: Después del apartado de experiencia profesional, incluya un apartado sobre su formación académica. Menciona los títulos que has obtenido, las instituciones a las que asististe y los años en que los obtuviste. Si tienes alguna distinción académica relevante, no dudes en incluirla.

6. Habilidades: una sección de habilidades es esencial para destacar tus puntos fuertes y cualificaciones. Divida esta sección en habilidades técnicas y habilidades transversales. Incluya habilidades específicas relacionadas con el puesto que solicita, así como habilidades generales como la resolución de problemas, la gestión del tiempo y la comunicación.

7. Logros y proyectos: si tiene algún logro o proyecto digno de mención, no olvide incluirlo en un apartado específico. Pueden ser logros profesionales, proyectos académicos o contribuciones significativas en campos relevantes.

8. Idiomas y conocimientos informáticos: si habla varios idiomas o tiene conocimientos informáticos específicos, asegúrese de mencionarlos en su CV. Puede ser una baza importante, sobre todo si el idioma o los conocimientos informáticos son relevantes para

el puesto.

9. Referencias: Por último, puede incluir una sección sobre referencias. Indique que las referencias están disponibles previa petición. Asegúrese de tener referencias profesionales sólidas listas para compartirlas si es necesario.

Cuando elabore su CV, no olvide adaptarlo al puesto de trabajo y a la empresa a la que se presenta. Adapte su contenido y sus aptitudes a las necesidades específicas de cada empleador. Corrige tu CV cuidadosamente para eliminar errores ortográficos y gramaticales, y asegúrate de que sea claro y conciso.

Un CV potente es un activo valioso en su búsqueda de empleo. Si elaboras un CV bien estructurado y pones de relieve tu experiencia y tus competencias, aumentarás tus posibilidades de atraer la atención de los reclutadores y de conseguir una entrevista.

CAPÍTULO 4: REDACTAR UNA CARTA DE PRESENTACIÓN CONVINCENTE

La carta de presentación es una parte esencial de su solicitud. Es tu oportunidad de convencer a los seleccionadores de que eres el candidato ideal para el puesto. En este capítulo analizaremos los elementos clave de una carta de presentación convincente y te daremos consejos para redactar una carta que llame la atención de los empleadores.

1. Encabezamiento profesional: Empieza tu carta de presentación con un encabezamiento profesional. Incluya su nombre, dirección, número de teléfono y dirección de correo electrónico. Alinea esta información en la parte derecha de la página.

2. Destinatario y fecha: Bajo el encabezamiento, indique el nombre de la empresa, el nombre del responsable de contratación o de recursos humanos y la dirección de la empresa. Justo debajo, indica la fecha en la que escribes la carta.

3. Saludo apropiado: Utilice un saludo apropiado, como "Estimada

señora" o "Estimado señor", seguido del nombre del responsable de contratación o de recursos humanos. Si no conoce el nombre del destinatario, puede utilizar "Estimado reclutador" o "Estimado responsable de recursos humanos".

4. Introducción impactante : Empieza tu carta de presentación con una introducción impactante que capte la atención del lector. Exprese su interés por el puesto y la empresa desde el principio. Puede empezar con un eslogan, una anécdota o una cita relevante.

5. Destaque sus cualificaciones y experiencia: En el cuerpo de la carta, destaque sus cualificaciones y experiencia que sean relevantes para el puesto al que opta. Establezca un vínculo entre sus cualificaciones y los requisitos del puesto. Utiliza ejemplos concretos para ilustrar tus logros pasados y las habilidades que puedes aportar a la empresa.

6. Personalización: Personalice su carta de presentación para cada empresa. Investigue la empresa e identifique sus necesidades, valores y objetivos. Utiliza esta información para mostrar cómo puedes contribuir a alcanzar estos objetivos y encajar en la cultura de la empresa.

7. Motivación e interés: Muestre su motivación e interés por el puesto y la empresa. Explica por qué te entusiasma trabajar para esta empresa en concreto y cómo puedes contribuir a su éxito. Muestra pasión y determinación en tu carta.

8. Claridad y concisión: Escriba su carta de forma clara y concisa. Evite las frases largas y los párrafos densos. Utilice frases sencillas y evite la jerga técnica. Asegúrese de que sus ideas están bien organizadas y son fáciles de seguir.

9. Conclusión impactante : Termine su carta de presentación con una conclusión impactante. Reitere su interés por el puesto y su disponibilidad para una entrevista. Agradece al destinatario el tiempo que ha dedicado a leer tu carta e incluye tus datos de contacto para cualquier seguimiento.

10. Firma: Termine su carta de presentación con una frase de cortesía como "Atentamente". Incluya su nombre y su firma manuscrita.

Cuando escriba su carta de presentación, no olvide corregirla cuidadosamente para eliminar los errores ortográficos y gramaticales. Asegúrate también de que la carta tenga un buen formato y se ajuste a las expectativas profesionales.

Una carta de presentación convincente puede marcar la diferencia en el proceso de selección. Al destacar tus aptitudes, tu motivación y tu interés por la empresa, aumentas tus posibilidades de atraer la atención de los seleccionadores y conseguir una entrevista.

CAPÍTULO 5: PREPARARSE PARA LAS PREGUNTAS MÁS FRECUENTES

Durante una entrevista de trabajo, los seleccionadores suelen hacer preguntas para evaluar sus aptitudes, experiencia e idoneidad para el puesto. Prepararse estas preguntas es esencial para poder responderlas de forma clara, concisa y convincente. En este capítulo veremos algunas de las preguntas más habituales en las entrevistas de trabajo y le daremos consejos para prepararse y responderlas con eficacia.

1. 1. Hábleme de usted: Esta pregunta suele hacerse para darle la oportunidad de presentarse brevemente. Prepare una respuesta concisa que destaque sus cualificaciones, experiencia y objetivos profesionales. Céntrese en los elementos más relevantes para el puesto al que opta.

2. ¿Por qué quiere trabajar en nuestra empresa? Esta pregunta está diseñada para evaluar su interés y conocimiento de la empresa. Investigue a fondo la empresa antes de la entrevista e identifique sus valores, cultura y logros. Destaque los aspectos que le atraen y

explique cómo su perfil encaja con lo que busca la empresa.

3. ¿Cuáles son tus puntos fuertes y débiles? Cuando hables de tus puntos fuertes, destaca tus principales habilidades y logros pasados. Sé específico y pon ejemplos concretos para ilustrar tus argumentos. En cuanto a tus puntos débiles, identifica uno o dos que no sean críticos para el puesto y explica las medidas que estás tomando para mejorarlos.

4. ¿Dónde se ve dentro de cinco años? Esta pregunta evalúa su visión a largo plazo y su ambición profesional. Sea realista en sus respuestas y destaque su deseo de progresar y asumir nuevos retos. Evita las respuestas demasiado genéricas e intenta vincular tu visión a la empresa y al puesto al que optas.

5. ¿Cómo maneja el estrés y las situaciones difíciles? Los empresarios buscan candidatos capaces de afrontar el estrés y las dificultades con calma y eficacia. Prepare ejemplos concretos de situaciones estresantes a las que se haya enfrentado en el pasado y explique cómo las gestionó. Destaque sus habilidades de gestión del tiempo, resolución de problemas y comunicación.

6. Hábleme de un proyecto o logro del que se sienta orgulloso: Seleccione un logro o proyecto relevante para el puesto y explique los detalles. Céntrate en los retos a los que te enfrentaste, los pasos que diste para superarlos y los resultados que obtuviste. Muestre cómo esta experiencia demuestra su capacidad para alcanzar objetivos y aportar valor a la empresa.

7. ¿Cómo trabaja en equipo? Esta pregunta está diseñada para evaluar su capacidad para trabajar con otras personas. Prepare ejemplos de proyectos o situaciones en los que haya trabajado eficazmente en equipo. Destaque sus dotes de comunicación,

su capacidad para escuchar a los demás, su flexibilidad y su compromiso con los objetivos comunes.

8. ¿Por qué dejó su último trabajo? Si dejó un trabajo anterior, sea sincero y positivo en su respuesta. Evite criticar a su anterior empleador y céntrese en las razones profesionales que le llevaron a buscar nuevas oportunidades. Concéntrese en lo que aprendió de la experiencia y en las habilidades que adquirió.

9. ¿Tiene alguna pregunta que hacernos? Al final de la entrevista, normalmente se le dará la oportunidad de hacer sus propias preguntas. Prepare una lista de preguntas relevantes sobre la empresa, el puesto, la cultura de la empresa o las oportunidades de desarrollo. Así demostrará su interés por la empresa y su deseo de aprender más.

Cuando te prepares para responder a estas preguntas, tómate tu tiempo para pensar las respuestas y ensayarlas en voz alta. Asegúrese de que sus respuestas sean claras y concisas, y utilice ejemplos concretos para ilustrar sus argumentos. Tenga en cuenta que el objetivo es demostrar que sus aptitudes, experiencia y personalidad se ajustan a las necesidades de la empresa y del puesto.

CAPÍTULO 6: DESARROLLAR BUENAS HABILIDADES DE COMUNICACIÓN

Las habilidades comunicativas son esenciales en todos los aspectos de la vida profesional, incluidas las entrevistas de trabajo. Una buena comunicación te permite expresar tus ideas con claridad, conectar con los demás y transmitir tu mensaje con eficacia. En este capítulo analizaremos la importancia de las habilidades comunicativas en las entrevistas de trabajo y te daremos consejos para desarrollarlas.

1. Escuchar activamente: una buena comunicación empieza por escuchar activamente. Cuando estés en una entrevista, escucha atentamente las preguntas que te hagan y asegúrate de que entiendes lo que te preguntan. Tómese su tiempo para pensar antes de responder y esté abierto a comentarios y sugerencias. Si escucha con atención, podrá formular respuestas pertinentes y adecuadas.

2. Claridad y concisión: Cuando responda a las preguntas, sea claro y conciso. Evite frases largas y complejas que puedan confundir

su mensaje. Utilice un lenguaje sencillo y directo para transmitir sus ideas con eficacia. Organice sus ideas de forma lógica y utilice ejemplos concretos para ilustrar sus argumentos.

3. Lenguaje no verbal: El lenguaje no verbal desempeña un papel importante en la comunicación. Presta atención a tu lenguaje corporal, postura y expresiones faciales durante la entrevista. Mantén el contacto visual con los reclutadores y muestra compromiso e interés en tus interacciones. Una comunicación no verbal positiva refuerza tu mensaje y transmite tu confianza y profesionalidad.

4. Adaptabilidad: La capacidad de adaptarse a diferentes personas es crucial en las comunicaciones. Cada reclutador puede tener un estilo de comunicación diferente, por lo que es importante adaptarse en consecuencia. Adapte el tono, el lenguaje y el nivel de detalle a la persona con la que está hablando. Presta atención a las señales no verbales y ajusta tu comunicación en consecuencia.

5. Gestión de conflictos: La gestión de conflictos es parte integrante de las habilidades de comunicación. Si te enfrentas a una pregunta difícil o a una situación delicada durante la entrevista, mantén la calma y sigue siendo profesional. Escuche atentamente los puntos de vista de los demás, exprésese con respeto y busque soluciones constructivas. La capacidad de gestionar los conflictos con eficacia demuestra tu madurez y aptitud para el trabajo en equipo.

6. Práctica de la comunicación: Para desarrollar tus habilidades comunicativas, practica con regularidad. Participe en conversaciones, debates o presentaciones. Haz ejercicios de improvisación para mejorar tu capacidad de respuesta y adaptación. Utiliza recursos en línea para practicar cómo responder a las preguntas de una entrevista. Cuanto más

practiques, más confianza y capacidad de comunicación ganarás.

7. Feedback y mejora: Pida feedback después de la entrevista para conocer sus puntos fuertes de comunicación y sus áreas de mejora. Utiliza estos comentarios para mejorar y perfeccionar continuamente tu estilo de comunicación. Esté abierto a consejos y sugerencias, y utilícelos para desarrollarse profesionalmente.

Si desarrollas unas buenas habilidades de comunicación, podrás transmitir tu mensaje con claridad, conectar con los reclutadores y crear una impresión positiva en las entrevistas de trabajo. Practique con regularidad, preste atención a las señales no verbales y adapte su comunicación a la persona con la que está hablando. Una comunicación eficaz es una baza preciosa para tu éxito profesional.

CAPÍTULO 7: GESTIÓN DEL ESTRÉS Y LA ANSIEDAD DURANTE LA ENTREVISTA

Las entrevistas de trabajo pueden ser situaciones estresantes y que provocan ansiedad a muchos candidatos. El estrés y la ansiedad pueden afectar a tu rendimiento y a tu capacidad para transmitir tu mejor cara a los reclutadores. En este capítulo veremos la importancia de controlar el estrés y la ansiedad durante la entrevista y te daremos algunos consejos para superarlos.

1. El primer paso para controlar el estrés y la ansiedad durante una entrevista es comprender las fuentes de estrés. Identifique los pensamientos negativos, las aprensiones y los miedos que contribuyen a su ansiedad. Por ejemplo, puede que le preocupe no responder correctamente a las preguntas, no estar a la altura de las expectativas o ser juzgado por los reclutadores. Si identificas estas fuentes de estrés, podrás gestionarlas mejor.

2. Prepárese adecuadamente: una preparación minuciosa es esencial para reducir el estrés asociado a la entrevista. Cuanto mejor preparado esté, más seguro se sentirá en sus respuestas.

Investigue sobre la empresa, el puesto y las preguntas que suelen hacerse en las entrevistas. Practique cómo responder a esas preguntas y prepare ejemplos concretos para ilustrar sus habilidades y logros. Cuanto más preparado te sientas, menos estrés experimentarás.

3. Utiliza técnicas de relajación: Antes de la entrevista, utiliza técnicas de relajación para calmar tu mente y tu cuerpo. La respiración profunda, la meditación, la visualización positiva o el ejercicio físico pueden ayudar a reducir el estrés y la ansiedad. Tómese unos minutos para relajarse y volver a concentrarse antes de la entrevista. Esto le ayudará a afrontar la entrevista con un estado de ánimo más tranquilo y relajado.

4. Adopte una mentalidad positiva: Cultive una mentalidad positiva antes y durante la entrevista. Sustituya los pensamientos negativos por afirmaciones positivas. Recuerde sus puntos fuertes, sus habilidades y sus logros. Visualícese triunfando en la entrevista y respondiendo a las preguntas con confianza. Una mentalidad positiva te ayudará a mantener la motivación y a superar el estrés.

5. Sé consciente de tu lenguaje corporal: Tu lenguaje corporal puede influir en tu nivel de estrés. Presta atención a tu postura, respiración y expresión facial durante la entrevista. Mantén una postura erguida, respira profundamente para relajarte y sonríe con naturalidad. Un lenguaje corporal confiado envía señales positivas a los reclutadores y te ayuda a sentirte más a gusto.

6. Concéntrate en el presente: A menudo la ansiedad se alimenta de pensamientos sobre el futuro. Durante la entrevista, concéntrese en el presente y en la pregunta que le están haciendo. Escuche con atención, tómese su tiempo para pensar antes de responder y evite preocuparse por las próximas preguntas o los

resultados futuros. Si se concentra en el momento presente, se sentirá más cómodo y participará más en la entrevista.

7. Acepte las imperfecciones: recuerde que nadie es perfecto y que los seleccionadores no esperan que responda perfectamente a todas las preguntas. Acepte que puede cometer errores o tener momentos en blanco. Mantenga la calma y reaccione con seguridad cuando esto ocurra. Los reclutadores suelen apreciar la capacidad de enfrentarse a lo inesperado con profesionalidad.

8. Aprenda de cada entrevista: cada entrevista es una oportunidad de aprendizaje, sea cual sea el resultado. Después de la entrevista, tómese su tiempo para reflexionar sobre su actuación, lo que funcionó y lo que podría mejorarse. Utiliza esta información para prepararte aún mejor para futuras entrevistas. Cada experiencia te dará más confianza y te ayudará a gestionar mejor el estrés y la ansiedad.

Si controlas el estrés y la ansiedad durante la entrevista, podrás presentarte con más confianza y dar lo mejor de ti mismo. Una preparación adecuada, técnicas de relajación, una mentalidad positiva y prestar atención a tu lenguaje corporal te ayudarán a superar el estrés y a sentirte más a gusto en las entrevistas de trabajo.

CAPÍTULO 8: DOMINAR LAS TÉCNICAS DE ENTREVISTA CONDUCTUALES

Las entrevistas conductuales son cada vez más habituales en los procesos de selección. Estas entrevistas se centran en el comportamiento pasado de un candidato para predecir su comportamiento futuro en situaciones similares. Dominar las técnicas de entrevista conductual puede ayudarle a responder de forma precisa y convincente a preguntas basadas en competencias y comportamientos. En este capítulo, veremos los principios de las entrevistas conductuales y le daremos consejos sobre cómo abordarlas con éxito.

1. Comprender el método STAR: El método STAR (Situación, Tarea, Acción, Resultado) se utiliza habitualmente en las entrevistas conductuales. Te ayuda a estructurar tus respuestas mediante ejemplos concretos de comportamientos anteriores. La situación describe el contexto, la tarea representa el reto u objetivo, la acción describe los pasos dados y el resultado describe los resultados obtenidos.

2. Prepare ejemplos concretos: Antes de la entrevista, identifique ejemplos concretos de su comportamiento en el pasado que pongan de relieve sus capacidades y experiencia. Revise su historial profesional e identifique situaciones en las que haya demostrado liderazgo, resolución de problemas, trabajo en equipo u otras habilidades relevantes. Prepárese para describir estos ejemplos utilizando el método STAR.

3. Sea específico: Cuando responda a preguntas sobre comportamiento, sea específico en sus respuestas. Dé detalles concretos sobre las situaciones, las medidas que ha tomado y los resultados obtenidos. Evite las respuestas vagas o generalizadas. Cuanto más específico seas, más convincente les parecerás a los reclutadores.

4. Destaque sus habilidades clave: Las entrevistas de comportamiento son una oportunidad para poner de relieve tus habilidades clave. Identifique las habilidades más importantes para el puesto y prepare ejemplos que demuestren su dominio de las mismas. Destaque sus logros, los retos a los que se ha enfrentado y cómo ha utilizado sus habilidades para superarlos.

5. Utilice resultados cuantificables: Cuando describa los resultados de sus acciones, utilice datos cuantificables siempre que sea posible. Por ejemplo, mencione cifras de ventas, ahorro de costes, mejoras de rendimiento o índices de satisfacción de los clientes. Los resultados cuantificables refuerzan su credibilidad y demuestran el impacto de sus acciones.

6. Concéntrese en los comportamientos positivos: Cuando responda a las preguntas sobre comportamiento, céntrese en los comportamientos positivos que ha adoptado. Destaque su capacidad para resolver problemas, trabajar en equipo, tomar la

iniciativa y gestionar situaciones difíciles de forma constructiva. Evite hablar de comportamientos negativos o de situaciones en las que haya fracasado.

7. Practica tus respuestas: Practica tus respuestas a las preguntas de comportamiento utilizando el método STAR. Practique describiendo situaciones, identificando las tareas que ha llevado a cabo, explicando las acciones que ha realizado y detallando los resultados obtenidos. Cuanto más practique, más cómodo se sentirá durante la entrevista.

8. Prepárate para explicar las lecciones aprendidas: Cuando compartas tus ejemplos de comportamiento, prepárate para explicar las lecciones que has aprendido de estas experiencias. Hable de los ajustes que hizo, las habilidades que desarrolló o las estrategias que puso en marcha para mejorar los resultados. Los reclutadores valoran a los candidatos que son capaces de reflexionar sobre sus experiencias y aprender de ellas.

Las entrevistas conductuales pueden ser un reto, pero si comprende los principios básicos y se prepara adecuadamente, podrá responder a las preguntas que le hagan con precisión y de forma convincente. Utiliza el método STAR, prepara ejemplos concretos y destaca tus habilidades clave. Con práctica y confianza, podrás dominar las entrevistas conductuales y demostrar tu valía a los reclutadores.

CAPÍTULO 9: UTILIZAR EL LENGUAJE CORPORAL A SU FAVOR

En una entrevista de trabajo, su lenguaje corporal desempeña un papel crucial en cómo le perciben los reclutadores. La postura, los gestos, la expresión facial y el contacto visual pueden influir en la recepción de su mensaje. En este capítulo analizaremos la importancia del lenguaje corporal en una entrevista de trabajo y te daremos consejos para utilizarlo en tu favor.

1. Mantén una postura segura: Tu postura es un elemento clave de tu lenguaje corporal. Mantén una postura erguida y abierta para mostrar tu confianza. Evite encorvarse o cruzar los brazos, ya que puede dar la impresión de que está cerrado o inseguro de sí mismo. Una postura segura transmite una imagen positiva y refuerza su presencia en la entrevista.

2. El contacto visual es una parte esencial de la comunicación. Cuando hables con los reclutadores, mantén un contacto visual regular para mostrar tu compromiso e interés. Evite mirar constantemente hacia otro lado o hacia abajo, ya que puede dar

la impresión de que le falta confianza. Tenga cuidado de no mantener demasiado contacto visual, ya que puede percibirse como agresivo.

3. Sonría con naturalidad: una sonrisa cálida puede crear una impresión positiva durante una entrevista. Sonría de forma natural y adecuada durante toda la entrevista, especialmente cuando se presente o comparta información positiva. Una sonrisa transmite una actitud positiva y apertura a la conversación.

4. Utilice los gestos adecuados : Los gestos pueden mejorar su comunicación, pero es importante utilizarlos adecuadamente. Utilice gestos naturales y mesurados para acompañar sus palabras y resaltar los puntos importantes. Evite los gestos excesivos, inquietos o repetitivos, ya que pueden distraer a los reclutadores. Sea consciente de su lenguaje corporal y utilícelo para apoyar lo que dice.

5. Evite los movimientos nerviosos: Durante la entrevista, tenga cuidado con los movimientos nerviosos, como jugar con un bolígrafo, golpearse los dedos o mover la pierna. Estos movimientos pueden dar la impresión de que está ansioso o distraído. Intente mantener la calma y el control de sus movimientos.

6. Sea receptivo a las señales no verbales de los reclutadores: Además de dominar su propio lenguaje corporal, preste atención a las señales no verbales de los reclutadores. Observe su lenguaje corporal en busca de signos de interés, preocupación o desacuerdo. Adapta tu comunicación en consecuencia para responder a sus señales y establecer una mejor conexión.

7. Adapta tu lenguaje corporal a la cultura de la empresa: Cada

empresa tiene su propia cultura y normas de lenguaje corporal. Investigue la empresa para conocer su estilo de comunicación y adapte su lenguaje corporal en consecuencia. Por ejemplo, algunas empresas pueden valorar un lenguaje corporal más relajado e informal, mientras que otras pueden esperar un enfoque más formal.

8. Practica tu lenguaje corporal: Para sacar partido de tu lenguaje corporal, practica delante de un espejo o con un amigo. Observa tus expresiones, gestos y posturas, y modifícalos si es necesario. Haz simulacros de entrevistas para acostumbrarte a utilizar tu lenguaje corporal con eficacia y naturalidad.

Su lenguaje corporal puede reforzar su mensaje y transmitir una imagen positiva en una entrevista de trabajo. Si mantienes una postura segura, estableces contacto visual, sonríes con naturalidad y utilizas los gestos adecuados, podrás establecer una conexión más fuerte con los seleccionadores. Practique su lenguaje corporal y adáptelo a la cultura de la empresa para maximizar su impacto en la entrevista.

CAPÍTULO 10: NEGOCIACIÓN DE SALARIOS Y PRESTACIONES

Negociar el salario y las prestaciones es una parte importante del proceso de contratación. Es esencial que demuestres tu valor y tus aptitudes para obtener la remuneración y las prestaciones que deseas. En este capítulo analizaremos la importancia de negociar el salario y las prestaciones, y te daremos consejos sobre cómo llevar a cabo una negociación con éxito.

1. Investiga: Antes de iniciar las negociaciones salariales, investiga a fondo los salarios y prestaciones que se ofrecen para puestos similares en tu sector y región. Consulte fuentes fiables como portales de empleo, informes salariales y asociaciones profesionales. Disponer de datos precisos le dará una base sólida para sus negociaciones.

2. Conozca su valor: Evalúe sus competencias, experiencia y logros para determinar su valor en el mercado laboral. Piensa en lo que aportas a la empresa en términos de conocimientos, habilidades y resultados. Cuanto más conozcas tu valor, más podrás justificar

tus exigencias en las negociaciones.

3. Establezca sus objetivos: Antes de negociar, determina tus objetivos en términos de salario y prestaciones. Defina una horquilla salarial realista basada en su investigación y sus aptitudes. Identifique también los beneficios que son importantes para usted, como el trabajo flexible, las prestaciones complementarias o las oportunidades de formación y desarrollo. Tener una visión clara de tus objetivos te ayudará a sentirte seguro y preparado a la hora de negociar.

4. Elija el momento adecuado: Elija el momento adecuado para iniciar las negociaciones salariales. Lo ideal es esperar a que el empresario haya mostrado interés por ti y te haya hecho una oferta. Así tendrá una mejor posición negociadora. Prepárate para hablar de tu salario y tus prestaciones en esta fase, destacando tus cualificaciones y presentando argumentos sólidos.

5. Prepara tus argumentos: Antes de la negociación, prepara tus argumentos para justificar tus peticiones de salario y beneficios. Destaca tus competencias, tus logros y los beneficios que aportarás a la empresa. Utiliza ejemplos concretos para ilustrar tu valor añadido. Prepara también respuestas a las objeciones que pueda plantear el empresario.

6. Empiece pidiendo más: Cuando empiece a negociar, empiece pidiendo un salario ligeramente superior al que realmente le corresponde. Esto le dará margen de maniobra en las negociaciones y le permitirá obtener un salario más cercano a sus expectativas. Ten confianza en ti mismo y presenta tus argumentos de forma clara y convincente.

7. Sé flexible: las negociaciones salariales suelen implicar cierto

grado de compromiso. Prepárate para ser flexible y encontrar soluciones que te convengan a ti y a la empresa. Por ejemplo, si la empresa no puede aumentarte el sueldo, puedes negociar beneficios adicionales como días libres, formación profesional u oportunidades de ascenso.

8. Escuche con atención: En la negociación, escuche atentamente los argumentos y las propuestas del empresario. Muéstrese abierto a la discusión y muestre interés por las necesidades de la empresa. Entienda que la negociación es un proceso de intercambio y búsqueda de soluciones mutuamente beneficiosas.

9. Prepárate para tomar una decisión: Cuando llegues a un acuerdo sobre salario y prestaciones, prepárate para tomar una decisión. Sopese las ventajas e inconvenientes de la oferta, teniendo en cuenta sus objetivos y su situación personal. Si la oferta no cumple tus expectativas, prepárate para rechazarla educadamente y buscar otras oportunidades.

Negociar el salario y las prestaciones es un paso importante para establecer un paquete retributivo justo y obtener unas prestaciones que se ajusten a sus expectativas. Investigue a fondo, conozca su valor, fije sus objetivos y prepare sus argumentos. Sea flexible, escuche atentamente y prepárese para tomar una decisión con conocimiento de causa. Una negociación exitosa puede ayudarle a obtener una remuneración y unos beneficios que reflejen su valor profesional.

CAPÍTULO 11: CÓMO EVITAR LOS ERRORES MÁS COMUNES EN LAS ENTREVISTAS

En una entrevista de trabajo, es natural querer causar la mejor impresión posible a los reclutadores. Sin embargo, es importante saber reconocer y evitar los errores más comunes que pueden poner en peligro tus posibilidades de conseguir el trabajo. En este capítulo veremos los errores más comunes en las entrevistas y te daremos consejos para evitarlos.

1. Llegar tarde: Uno de los errores más comunes es llegar tarde a una entrevista. Da la impresión de desorganización y falta de respeto hacia los reclutadores. Planifica tu viaje con antelación, ten en cuenta los posibles retrasos y llega con tiempo suficiente para instalarte y prepararte.

2. Falta de preparación: No prepararse lo suficiente para una entrevista es un grave error. Investigue a fondo sobre la empresa, el puesto y las personas a las que va a entrevistar. Prepare respuestas a preguntas habituales y ejemplos concretos de sus habilidades y logros. Estar bien preparado te permitirá responder

de forma más convincente y demostrar tu interés por el puesto.

3. Falta de confianza: La falta de confianza puede manifestarse en un lenguaje corporal vacilante, un tono de voz débil o respuestas vagas. Es importante creer en tus capacidades y en tu valía. Practique sus respuestas con antelación, utilice técnicas de relajación para calmar los nervios y recuerde sus logros pasados. Una actitud segura reforzará tu imagen ante los reclutadores.

4. Responder de forma inadecuada: es fundamental responder adecuadamente a las preguntas formuladas durante la entrevista. Evite respuestas demasiado largas o demasiado cortas, céntrese en la pregunta formulada y responda de forma clara y concisa. Escuche atentamente las preguntas y tómese su tiempo para pensar antes de responder. Sea consciente de su lenguaje corporal al responder y muestre compromiso e interés.

5. No hacer preguntas: Al final de la entrevista, los reclutadores suelen darte la oportunidad de hacer tus propias preguntas. No hacer preguntas puede dar la impresión de que no te interesa el puesto o la empresa. Prepare una lista de preguntas relevantes sobre la empresa, el puesto, la cultura de la empresa o las oportunidades de desarrollo. Esto demostrará su interés y compromiso con la empresa.

6. Criticar a antiguos empleadores: Evite criticar a sus antiguos empleadores en la entrevista, aunque haya tenido experiencias negativas. Manténgase profesional y céntrese en las lecciones aprendidas y las habilidades adquiridas a través de estas experiencias. Los reclutadores aprecian a los candidatos capaces de afrontar situaciones difíciles de forma constructiva y positiva.

7. Falta de seguimiento: Después de la entrevista, es esencial hacer

un seguimiento con los responsables de contratación para dar las gracias al equipo de contratación y reafirmar su interés por el puesto. Descuidar el seguimiento puede dar la impresión de que no estás suficientemente motivado o interesado. Envíe un correo electrónico de agradecimiento en las 24 a 48 horas siguientes a la entrevista para mantener una buena impresión.

8. No ser auténtico: es importante ser uno mismo durante la entrevista. Intentar ser otra persona o dar respuestas artificiales puede ser fácilmente detectado por los reclutadores. Sé honesto, transparente y auténtico en tus respuestas. Muestra tu verdadera personalidad sin dejar de ser profesional.

Evitar estos errores comunes en las entrevistas puede mejorar sus posibilidades de éxito. Asegúrese de llegar a tiempo, prepararse adecuadamente y mostrar confianza en sí mismo. Responda adecuadamente, haga preguntas pertinentes y evite las críticas negativas. Haga un seguimiento después de la entrevista y sea sincero. Si evita estos errores, podrá presentarse de la mejor manera posible y destacar entre los demás candidatos.

CAPÍTULO 12: DIFERENCIARSE DE LOS DEMÁS CANDIDATOS

En un mercado laboral competitivo, destacar entre la multitud puede marcar la diferencia en el proceso de selección. Los reclutadores buscan candidatos que destaquen entre la multitud, que aporten valor y que demuestren motivación y compromiso. En este capítulo, exploraremos diferentes estrategias para diferenciarse de los demás candidatos y aumentar sus posibilidades de éxito.

1. Dé una primera impresión memorable: La primera impresión que dé a los reclutadores es crucial. Sea profesional, educado y esté bien preparado en el primer contacto. Vístase adecuadamente, mantenga un lenguaje corporal seguro y sea cortés con todos los miembros del equipo de contratación. Una primera impresión positiva le diferenciará inmediatamente de los demás candidatos.

2. Personalice su solicitud: No se limite a enviar una solicitud genérica. Personalice su CV, su carta de presentación y cualquier otra documentación para demostrar que se ha tomado el tiempo

necesario para conocer la empresa y el puesto. Destaque sus aptitudes y logros pertinentes que se ajusten a las necesidades de la empresa. Una solicitud personalizada demuestra su verdadero interés e inversión en la oportunidad.

3. Destaque sus logros: Cuando describas tu experiencia pasada, haz hincapié en tus logros y en los resultados que has obtenido. A los seleccionadores les interesa lo que has conseguido y cómo puedes contribuir a su empresa. Utilice cifras, estadísticas o ejemplos concretos para ilustrar sus éxitos. Esto le ayudará a destacar entre los demás candidatos.

4. Demuestre su motivación: los responsables de contratación buscan candidatos motivados y apasionados. Exprese su interés por la empresa, el puesto y el sector durante la entrevista. Hable de por qué le atrae esta oportunidad concreta y de cómo puede contribuir a alcanzar los objetivos de la empresa. Una motivación genuina puede diferenciarle de otros candidatos que parezcan menos comprometidos.

5. Destaque sus habilidades únicas: Identifique sus habilidades únicas y diferenciadoras y destáquelas en la entrevista. Ya sea una habilidad técnica concreta, experiencia internacional o dotes de liderazgo, asegúrate de que los responsables de contratación reconocen lo que te diferencia de los demás candidatos. Destaque cómo estas habilidades pueden añadir valor a la empresa.

6. Prepárate para compartir ideas innovadoras: Durante la entrevista, prepara ideas innovadoras que sean relevantes para la empresa. Demuestre que se ha tomado el tiempo necesario para familiarizarse con los retos a los que se enfrenta la empresa y proponer soluciones creativas. Esto demostrará tu pensamiento estratégico y tu capacidad para aportar nuevas perspectivas.

7. Desarrolle su red profesional: Invierta en el desarrollo de su red profesional. Asista a actos, conferencias o seminarios web relacionados con su campo de actividad. Conecta con profesionales influyentes de tu sector y mantén relaciones profesionales sólidas. Una red extensa puede darte acceso a oportunidades únicas y ayudarte a destacar entre otros candidatos.

8. Seguir aprendiendo y desarrollándose: Demuestre su voluntad de aprender y desarrollarse continuamente. Mencione cualquier iniciativa de formación, certificación o aprendizaje que haya emprendido para mejorar sus competencias. Los reclutadores aprecian a los candidatos dispuestos a mejorar y mantenerse al día en su campo.

9. Sé auténtico: Por último, sé tú mismo. Muestra tu verdadera personalidad y deja que brillen tus valores y tu ética de trabajo. Los reclutadores buscan conectar con los candidatos y encontrar a los que encajan en la cultura de la empresa. Sé auténtico y deja que tu personalidad brille.

Si pone en práctica estas estrategias, podrá destacar entre los demás candidatos y atraer la atención de los seleccionadores. Causa una primera impresión memorable, personaliza tu candidatura, destaca tus logros y motivaciones y demuestra tus habilidades únicas. Siga aprendiendo, desarrolle su red profesional y mantenga su autenticidad durante todo el proceso de selección. Al diferenciarte de los demás candidatos, aumentas tus posibilidades de éxito y de conseguir el trabajo que deseas.

CAPÍTULO 13: UTILIZAR LAS REDES SOCIALES PARA ENCONTRAR TRABAJO

En el mundo actual, las redes sociales desempeñan un papel cada vez más importante en la búsqueda de empleo. Plataformas como LinkedIn, Twitter y Facebook ofrecen oportunidades únicas para conectar con profesionales, buscar ofertas de empleo y promocionar tu marca personal. En este capítulo, exploraremos cómo utilizar las redes sociales de forma eficaz para optimizar tu búsqueda de empleo.

1. Crea un perfil profesional: El primer paso para utilizar las redes sociales en tu búsqueda de empleo es crear un perfil profesional sólido. En LinkedIn, actualiza tu perfil con un resumen cautivador, una foto profesional y una lista completa de tus habilidades, experiencia y logros. Asegúrate también de que tus otros perfiles en redes sociales reflejen una imagen profesional y adecuada.

2. Desarrolla tu red de contactos: las redes sociales ofrecen una oportunidad única para conectar con profesionales de tu campo. Busca personas influyentes, reclutadores o profesionales que

trabajen en las empresas que te interesan. Envíales una solicitud de conexión personalizada, explicándoles tu interés común y tu deseo de aprender más. Desarrollar tu red te dará acceso a nuevas oportunidades y te permitirá beneficiarte de consejos y recomendaciones.

3. Comparte contenido relevante: Utiliza las redes sociales para compartir contenido relevante relacionado con tu área de especialización. Publica artículos, vídeos o enlaces a recursos interesantes. Comparta sus pensamientos e ideas sobre temas relevantes. Esto demostrará tu experiencia e interés en tu campo, atrayendo la atención de reclutadores y empleadores potenciales.

4. Busca ofertas de empleo: Las redes sociales están llenas de oportunidades laborales. Sigue páginas de empresas, grupos profesionales y cuentas dedicadas al empleo. Estate atento a las ofertas de empleo y utiliza las herramientas de búsqueda para encontrar oportunidades que se ajusten a tus habilidades e intereses. No dudes en presentar tu candidatura online o contactar directamente con los reclutadores.

5. Interactuar con posibles empleadores: Las redes sociales ofrecen la oportunidad de interactuar directamente con posibles empleadores. Comenta las publicaciones de las empresas que te interesan, haz preguntas o participa en debates relevantes. Demuestra tu interés y compromiso con la empresa. Esta interacción puede ayudarte a hacerte notar y a entablar relaciones con los principales responsables de la toma de decisiones.

6. Cuida tu e-reputación: Cuando utilices las redes sociales en tu búsqueda de empleo, es importante que cuides tu e-reputación. Asegúrate de que tus publicaciones, comentarios e interacciones reflejan una imagen profesional y positiva. Evita las publicaciones polémicas o inapropiadas que puedan perjudicar tu candidatura.

Los reclutadores pueden ver tu perfil online, así que asegúrate de que lo que encuentran refuerza tu imagen profesional.

7. Aprovecha las características específicas de cada red social: Cada red social ofrece características específicas que puedes utilizar para optimizar tu búsqueda de empleo. En LinkedIn, por ejemplo, puedes pedir recomendaciones, unirte a grupos profesionales o utilizar la herramienta de búsqueda de empleo. Explora estas funciones y aprovéchalas para maximizar tus posibilidades de éxito.

8. Mantente activo y participa: Para sacar el máximo partido de las redes sociales en tu búsqueda de empleo, mantente activo y participa con regularidad. Comparta actualizaciones, comente las publicaciones de otras personas y responda a los mensajes. Cuanto más activo y participativo seas, más visible serás para los reclutadores y posibles empleadores.

Si utilizas las redes sociales con eficacia, podrás ampliar tu red profesional, buscar oportunidades de empleo, compartir tus conocimientos e interactuar con posibles empleadores. Crea un perfil profesional sólido, comparte contenido relevante, busca oportunidades de empleo e interactúa activamente con profesionales de tu campo. Utilizando las redes sociales estratégicamente, puedes aumentar tus posibilidades de encontrar oportunidades de empleo y destacar entre los demás candidatos.

CAPÍTULO 14: SEGUIMIENTO PROFESIONAL TRAS LA ENTREVISTA

Después de una entrevista, es esencial hacer un seguimiento profesional para reforzar su candidatura y mantener una buena relación con los reclutadores. El trabajo de seguimiento demuestra tu interés y compromiso con el puesto, a la vez que te mantiene en el punto de mira de los reclutadores. En este capítulo analizaremos la importancia del seguimiento profesional y te daremos consejos para hacerlo con eficacia.

1. Envíe un correo electrónico de agradecimiento: Entre 24 y 48 horas después de la entrevista, envía un correo electrónico de agradecimiento a las personas con las que interactuaste. Dirígete a cada persona por separado y expresa tu gratitud por el tiempo que te han dedicado. Menciona puntos concretos de la entrevista que te hayan interesado o impresionado especialmente. Muestre su entusiasmo por el puesto y su interés por continuar el proceso de selección.

2. Sé conciso y profesional: Cuando escribas tu correo electrónico

de agradecimiento, sé conciso y profesional. Evita los mensajes demasiado largos o informales. Asegúrate de revisar y corregir cualquier error ortográfico o gramatical antes de enviar el correo electrónico. Utiliza un tono educado y respetuoso, sin dejar de ser auténtico en tu expresión de gratitud.

3. Aproveche el correo electrónico de agradecimiento para recordar brevemente algunos de los aspectos más destacados de la entrevista. Mencione las aptitudes, la experiencia o los logros concretos que se comentaron. Esto refuerza tu candidatura y demuestra que has retenido la información clave de la entrevista.

4. Adapte su mensaje a cada persona: Si ha hablado con varias personas, adapte su mensaje a cada una de ellas. Refiérase a los puntos específicos de la conversación que mantuvo con cada persona. Esto demuestra su atención al detalle y su consideración personal por cada miembro del equipo de contratación.

5. Mantente profesional en las redes sociales: Después de la entrevista, sigue siendo profesional en las redes sociales. Evita las publicaciones inapropiadas o polémicas que puedan comprometer tu imagen profesional. Los reclutadores pueden ver tu perfil online, así que asegúrate de que lo que encuentren refuerce tu candidatura y presente una imagen positiva de ti.

6. Cumpla los plazos acordados: si los reclutadores le han dado una estimación de cuándo tomarán una decisión, cumpla los plazos acordados. No envíe correos electrónicos repetitivos ni recordatorios excesivos. Respete el proceso de selección y espere pacientemente su respuesta.

7. Haga un seguimiento adecuado: Si no ha recibido respuesta durante algún tiempo, es aceptable hacer un seguimiento

adecuado de los reclutadores. Envíe un correo electrónico cortés solicitando información actualizada sobre el estado de su solicitud. Recuérdeles brevemente su interés por el puesto y pregúnteles si necesitan más información. Tenga en cuenta que los plazos de selección pueden variar en función de diversos factores, así que sea paciente y respetuoso en su planteamiento.

8. Manténgase positivo y profesional en caso de rechazo: Si recibe una respuesta negativa, manténgase positivo y profesional en su respuesta. Exprese su gratitud por la oportunidad de haber participado en el proceso de selección y agradezca que le hayan tenido en cuenta para el puesto. Pregunte si puede mantenerse en contacto para posibles oportunidades futuras. Mantener una actitud positiva y profesional, aunque te rechacen, puede abrirte las puertas a futuros contactos y oportunidades profesionales.

Un seguimiento profesional después de la entrevista es un paso importante para reforzar su candidatura y mantener una buena relación con los responsables de contratación. Envíe un correo electrónico de agradecimiento en el plazo adecuado, personalizando su mensaje y recordando los puntos fuertes de la entrevista. Sé profesional en las redes sociales, respeta los plazos acordados y haz un seguimiento adecuado si es necesario. Mantén una actitud positiva y profesional, aunque te rechacen. Un seguimiento profesional demuestra tu profesionalidad e interés por el puesto, lo que puede diferenciarte de otros candidatos y abrirte las puertas a futuras oportunidades.

CAPÍTULO 15: CÓMO REALIZAR CON ÉXITO ENTREVISTAS TELEFÓNICAS Y EN LÍNEA

Con la evolución de la tecnología y las nuevas realidades del mundo laboral, las entrevistas telefónicas y en línea se han convertido en etapas habituales del proceso de selección. Estos tipos de entrevistas ofrecen flexibilidad tanto a los reclutadores como a los candidatos, pero también presentan retos particulares. En este capítulo, exploraremos las estrategias y las mejores prácticas para el éxito de las entrevistas telefónicas y en línea.

1. Aunque la entrevista se realice a distancia, es importante prepararla como si se tratara de una entrevista cara a cara. Infórmese sobre la empresa y el puesto, prepare respuestas a preguntas habituales y practique su presentación. Asegúrate también de tener una conexión a Internet estable, un entorno tranquilo y el equipo adecuado, como auriculares y una webcam que funcione.

2. Pruebe su equipo: Antes de realizar el mantenimiento, prueba tu equipo para asegurarte de que funciona correctamente. Comprueba la calidad de audio y vídeo de tu micrófono, altavoces y webcam. Asegúrese también de que dispone de la última versión del software necesario para la entrevista en línea, ya sea Zoom, Skype o plataformas similares. Si realiza estas pruebas de antemano, evitará problemas técnicos durante la entrevista.

3. Cree un entorno propicio: elija un lugar tranquilo y bien iluminado para la entrevista. Elimine posibles distracciones, como ruidos de fondo o interrupciones inesperadas. Proporcione un espacio limpio y profesional en el fondo. Asegúrese también de que dispone de una conexión a Internet fiable para evitar interrupciones durante la entrevista.

4. Vístete de forma profesional: aunque estés en casa, vístete de forma profesional para la entrevista. Elige ropa adecuada para la empresa y el puesto, como si fueras a una entrevista en persona. Esto te ayudará a ponerte en el estado de ánimo adecuado y a mostrar tu compromiso con la entrevista.

5. Preste atención a su lenguaje corporal: aunque los reclutadores sólo vean una parte de usted durante una entrevista telefónica u online, su lenguaje corporal sigue desempeñando un papel importante. Siéntese recto, mantenga el contacto visual con la cámara y muestre compromiso y entusiasmo en su voz. Sonría y utilice los gestos adecuados para reforzar su mensaje. Su lenguaje corporal transmitirá una imagen profesional y positiva a los reclutadores.

6. Hable claro y escuche atentamente: Durante la entrevista, hable con claridad y evite hablar demasiado rápido. Sea consciente de su voz y su dicción. Escuche atentamente las preguntas de los

reclutadores y tómese su tiempo para pensar antes de responder. Sé paciente y educado en las interacciones en línea.

7. Utilice notas recordatorias: una de las ventajas de las entrevistas telefónicas y en línea es que puede utilizar notas recordatorias. Prepare puntos clave, ejemplos o preguntas que quiera tratar y téngalos a mano. Sin embargo, procure no depender demasiado de sus notas y mantenga el contacto visual con los reclutadores en la medida de lo posible.

8. Siga las mismas normas de seguimiento profesional: Tras la entrevista telefónica o en línea, envíe un correo electrónico de agradecimiento para expresar su gratitud y reafirmar su interés por el puesto. Siga las mismas normas de seguimiento profesional que en una entrevista cara a cara.

Las entrevistas telefónicas y en línea plantean retos únicos, pero si se preparan adecuadamente y se siguen las mejores prácticas, puede tener éxito. Prepárese como lo haría para una entrevista cara a cara, pruebe su equipo, cree un entorno propicio y vístase con profesionalidad. Preste atención a su lenguaje corporal, hable con claridad y escuche con atención. Utilice notas recordatorias con criterio y siga las mismas normas de seguimiento profesional. Siguiendo estos consejos, estará bien equipado para tener éxito en las entrevistas telefónicas y en línea y destacar entre la multitud.

CONCLUSIÓN: CONSEGUIR EL ÉXITO EN UNA ENTREVISTA DE TRABAJO

En este libro hemos explorado en detalle las distintas etapas y los aspectos clave de una entrevista de trabajo con éxito. Analizamos la preparación, la importancia de investigar previamente sobre la empresa y el puesto, cómo destacar tus aptitudes y experiencia, y las técnicas para destacar entre los demás candidatos.

También hablamos de la importancia de la confianza en uno mismo, la comunicación eficaz, la gestión del estrés y la ansiedad, así como del uso de las redes sociales y las entrevistas en línea. Todos estos pasos son esenciales para maximizar tus posibilidades de éxito en una entrevista de trabajo.

Es fundamental comprender que cada entrevista es una oportunidad para presentarse de forma auténtica y profesional. Cada interacción con los reclutadores es una oportunidad para demostrar tu valor, experiencia y motivación para el trabajo. Cada pregunta es una oportunidad para demostrar tu capacidad para resolver problemas, trabajar en equipo y adaptarte a situaciones profesionales.

La preparación es la clave del éxito en una entrevista de trabajo. Si inviertes tiempo y esfuerzo en investigar de antemano, preparas respuestas a preguntas habituales e identificas y destacas tus puntos fuertes, tendrás más posibilidades de éxito.

Sin embargo, es importante recordar que, a pesar de una preparación meticulosa, puede haber momentos en los que se sienta menos seguro o dé una respuesta equivocada. En estas situaciones, es importante mantener la calma, volver a centrarse y seguir dando lo mejor de sí mismo. Los reclutadores valoran la autenticidad y la capacidad de afrontar los retos con profesionalidad.

Después de la entrevista, es esencial hacer un seguimiento profesional, ya sea con un correo electrónico de agradecimiento o con las medidas de seguimiento adecuadas. Esto demuestra tu compromiso e interés por el puesto, y mantiene una buena relación con los reclutadores.

En conclusión, una entrevista de trabajo con éxito requiere una combinación de preparación, confianza en uno mismo, capacidad de comunicación y adaptabilidad. Es un proceso que evoluciona constantemente, teniendo en cuenta las nuevas tecnologías y las nuevas realidades del mundo laboral.

Este libro pretende proporcionarle las herramientas y los conocimientos necesarios para afrontar una entrevista de trabajo con confianza y éxito. Recuerda que cada experiencia es una oportunidad para aprender y crecer profesionalmente.

Te animamos a que sigas preparándote, desarrolles tus capacidades y mantengas una actitud positiva a lo largo de toda tu carrera. Con la preparación adecuada, la confianza adecuada y la voluntad de mejorar, podrás tener éxito en las entrevistas de trabajo y acercarte a tus objetivos profesionales.

Le deseamos todo lo mejor en sus futuras oportunidades profesionales y esperamos que este libro le haya ayudado en su camino hacia el éxito en las entrevistas de trabajo.

Buena suerte.